F
-
I
(

CW01628242

TIM MACGABHANN

ROUGH TRADE BOOKS

TRANSLATED INTO
THE IRISH LANGUAGE
BY COLM BREATHNACH

ORY GALLAGHER
BEO! -
ÓSTÁN
A MARBH

LITERATURE IRELAND
Promoting and Translating Irish Writing

1.

I tell you this in a tarry gargle
that discloses my whiskey nights
and morning-after stout restarts

I tell you this because my throat's too flittered
to sing it   my fingers too stodgy on the dots
to tell you in anything bigger than words

My poor guitar is nearly finished
each ding and scuff and scar and dent
the illegible scribble of every disaster

the fretboard stain-whorled with fingerprints
the dark pucks of pulled-off skin-chunks

flecking the neck
from too many gone-awry glue-jobs

Scratchplate hangs by one screw
and many prayers   the wood
hatcheted away   by pick-action

In the back   you'll find my Levi's folds imprinted
and think of fossils left in mudstone
Hear the tone now   you'd swear
my sweat had uncoiled along the wires
to soak into every note

The only story is what's written in damage
and recited in the blue waul
near the twelfth fret   mid way up

Find how to translate that   you can keep my biography

2.

Talk of the quake in Mexico
two thousand troops on the streets
bulldozers pulverising the Costurita plant

on the hotelbound car's radio
through an absolute pea-souper
radio news humming the radiator slats

My stagger to the door   a rescue donkey
wobbling stunned
through the wreck of a market

hauling a cart of rubble

How the guitar case shunted
down the carousel
at the airport
nubbled surface rivered all over with rain

made me think of a new coffin
that I might ride along canals
thick with reeds and mud smells

3.

On the hotel telly divers plunge
through undersea murk

torches carve the dark
towards guardrail-metal
rusted   weed-clad
it could nearly be coral

and I see me and the band
as we'd look should some mad goose fly
beak-first into the charter's engine slats

skeletons belted to rotten seats
drifting apart bone by bone
our maraca-clack muted
by miles of salt water

4.

My own ghosts rise up
on the other channel
Elliott Gould at sea

feet cartwheeling
a mad thrash
heels finding only sand-billows

I'd have followed my gone one anywhere
like Marlowe chasing a car
tie whipping   forehead dripping

then floored suddenly on the tarmac
in the blare of horns
and the headlights' rainbow dazzle

5.

Head-pictures last longer than people
a time-greened clock face against the night
an ache to the streetlight
spilling over brick

Her almond and new-soap smell
a pale thread I'd untangle
through clouds of cider and Drakkar Noir
through front-row fug and alleyway piss

through the hundred hours I'd spend
cleaning the violin-curlicues
on the vamps of my boots with a pin
nicked from my Ma's sewing box

then pegging it over to hers
my steps braked against the camber of our road
to make every sun-hit moment stretch as far as it could
before they'd snap
count every poke of scutch grass
count every lupin that nodded in the verge
scuff my heels on the Arts Block's toffee-coloured tiles

6.

At the jacks sink
trying to rinse her from my head
but the tap's coldwater sting
jets me the whole way back
to the mannerly freeze
of her parents' house
that still hums in the cores of my teeth

7.

Security lights briefly sepia
on the Hotel of the Dead's concourse
rain's phosphor seethe
over spills of fern and sword plant
over banana leaves and baskets of creepers
over five-floor-tall palm trees
in their orange lagging of strange ivies

Orb lamps' glow like angler-fish
and a grand piano   drowns in the pool
bubbles wobbling   big as jellyfish   out between the keys
the lid's drowned sail flapping   drowned sail

8.

My father helped build Ardnacrusha Dam
guided me and my brother one day
around the muck and the slabber and heaped-up gravel
up a clay ridge to look down into
the C-shaped sections of tunnel

their booming echoes
their glaring discs of light at either end

He died in an estate of scuffed plaques
hung over dead flowers in
jamjars and cans of Bass
with Gaddafi getting the honour guard
from a balaclava'd cohort
up there on the gable-end murals

He'd a car seat for a couch
and nothing in the fridge
only a lick of butter
with mouldy breadcrumbs
that I'd to flick out with a knife

He'd watch snooker
on a banjaxed black-and-white telly
because he'd managed to learn the greys

9.

An accordion player after a pub session
once showed me the two harvest moons
printed in either side of her forearm
where a UDR dum dum went in and out of her.

'I heard a corncrake's chatter, but felt the stab
of a hot poker, then hit the hedge
sure for a long time that I was dead
until caught rain fell from the brambles

and pattered over my face.' Driving home,
a patrol stopped us, reefed through our gear,
let us on, shaking like Bargaintown wardrobes.

When we were not quite out of sight,
I rolled down the windows, let my bare arm
ride the gusts all the way back south.

10.

And just that pure velocity
slowly blowing my mind
no click of seatbelts
no shunting gear
no brake-jerk of arrival
the lads pucking talk back and forth
like a no-stakes frame of pool
while cigarette smoke turns a net underwater

Heaven could be that:
hurtling tour bus motion
the swoop in the gut
like a dive off a bridge
that lift under the ribs
a raking whoosh
the tunnel lights' blur
a make-believe of flight

11.

The blues won't leave much of you
when you get to the end

A tattered lagging coats the hotel-room walls

photos snipped from LP sleeves
and magazines   Sellotape-strips
mealy with years of dirt

Muddy Waters. Jimmy Reid.
Blind Tom Wiggins. Blind Lemon Jefferson.
Blind Boone. Leadbelly.

Ask them how their last nights felt
then hope only for the good slow burn
turning you wholly to ash

12.

And there in the centre   pudgy and grinning
pencil-tached   Lenin hat cocked back
Muddy Waters   looking like the right way
to grow old   He called me once before he died
to talk guitar-tones. *'That blue ripple,*
strong, solid, neon in the air, the only thing
I wanted to nail. Fly-killer light after closing time,
that bar you don't want to go into but know you have to.
Maybe I caught it no more four notes at a stretch,
and maybe that's all I got, and maybe
I'm not very human, but that's all I ever wanted.'

The night he died I lit a rake of tealights
splayed his album covers out like wings
three by three   propped them on their ends
in front of the telly   split-edged envelopes
with faded colours   every picture I could find
trying to multiply him
into where he'd been subtracted

13.

Plane-dreams: tundra borderland
no troops around   the river before me
all the old barbed wire snapped by rust
black lines against white sky   a stave
each cut knot a crotchet   a quaver   a sharp
and quiet   and stillness   I've got zero need to break –

and then buffets of turbulence
take the floor from the world
and I take a Bruce-Grobbelaar kneeslide
to catch the dead formicary of ash and cig butts
of a tumbling bottle of slivovitz

Hangover's tom-tom thunder
from night-before-the-press-shots shots
and the tick of my heart
like the croc that swallowed the watch

The shivers so heavy
I'll have every bolt shook
from the plane's fuselage   until pill-lull
makes a pacified zone of my head

14.

Mid-show battery dead all of a slap
the backstage coffee's jump leads useless
drink tides bobbing the heart

the frown could pass for focus
the grin could pass for peace
no matter how dry my teeth feel

battened tight to the Strat
like an otter hugging a driftwood chunk
in swirl after swirl of foaming stage lights

But then a bright wordlessness drops
the show's commotion total   an ocean
song a coracle hopped

over and over the waves
scales climbing all around   pillars of vapour
the beat neither forward nor backward,

and me above it   abiding in the roar
sweat dots' brine spray

and the instant crashes

leaving me home   gone   nowhere

15.

Used to be I'd dream of a chord so soaked with gain
as to pancake every peace wall, fray every bale of wire,
prise helicopter rotors backwards like fingers,
fire screws out of every jeep's armour-plating,
and avalanche brick-grit and powdered mortar
over every British soldier.

Now it's sea dreams that get me when I'm playing,
dry ice thick as coastal mist darkening my ankles,
the sea-thoom of bass, the cymbals in wave crashes,
and the anemone-armed crowd reaching for me
through the jellyfish purple of the lights.

16.

Downstairs in the lounge
a butler's gloved hand
lays stylus to vinyl
and there's Nina Simone
hunched low to the piano
bowed under a load she can't hold up alone
a beat whose slap and rollback
is the keel-roll of ship after ship gliding
over the drowned moon-glowing road of bones
hitch and loll of her left hand
the never-done swing of shovel and pick
her high notes loaded
with the tink-tink-tink
of driven railroad spikes
until all conjoined in the storm
of voice against low-string rubato –
big shudders, hurricane low
over sugar-cane
and all of the ghosts a cotton-soft
moth teem in the halo over her
and all of us dead listeners sway
while the music steams on our skins

17.

People
are hard on the stars who disappear
The charts are as cracked as I'll get them
short of a synth and gleamier chompers

A life without glory *that's my plan*

Glory's when the stage fright retch kicks
like a horse in your guts
and you don't hit your own Redwings

I like the taper in the word isthmus
land ending in a dash
or a basalt ellipsis either will do

Let that hyphen in stone
be a breath taken in
with no uptake expected

slick rocks wee dribbles of seawater
the view rising in the form of a chord
a horn section's plunging blare
a ruined cathedral opening in my head

heart going ninety triple-time hi-hat quavers
snare-and-cymbal spinal shivers
salt blood-rush
breath surge joining sine-wave shapes
joining the unplayed lead line's last gull-wheel
then the slow downward climb
along ocean-softened rock

into fog a hail of ions and nothing else

1.

Insím an méid seo duit de tharra-phlobarnach
lena nochtar mo chuid oícheanta uisce beatha
agus athdhúiseacht leanna na maidine dár gcionn

Insím duit é mar go bhfuil mo scornach ró-scólta
lena chanadh   mo mhéara ró-stalcach ar na poncanna
lena insint duit ar aon slí níos mórthaibhsí ná focail

Tá port mo ghiotáir bhoicht nach mór seinnte
gach ding agus scríob agus rian agus lug
ina scriobláil dholéite ó gach tubaiste

dual-ruaimniú méarlorg ar an gclár stiallóg
poic dhorcha dalcán stiallta craicinn

breactha ar an gcaol
ón iliomad tascanna gliúála a chuaigh amú

Gan ach scriú amháin agus mórán guíonna
ag coimeád an chláir scríobtha ina áit
an t-adhmad smiota ag priocadh an fhigín

Ar an gcúl   feicfidh tú fillteacha mo chuid Levis greanta
rud a chuirfidh ag cuimhneamh ar iontaisí i láibchloch tú

Éist leis an dton anois   chuirfeá geall
gur shearr m'allas feadh na sreang
d'fhonn é féin a bhá san uile nóta

An t-aon scéal atá ann é sin a scríobhtar i ndamáiste
agus a eachtraítear san uaill ghorm
gar don dara stiallóg déag   leath slí suas

Dein amach conas sin a aistriú agus ní gá bacadh le mo bheathaisnéis

2.

Caint faoin gcrith talún i Meicsiceo
dhá mhíle saighdiúir ar na sráideanna
ollscartairí ag déanamh púdair de mhonarcha Costurita

ar raidió an chairr ag triall ar an óstán
trí bhrat tromcheo bhuí
nuacht an raidió ag cur lataí na radaitheoirí ag crónán

Mé ag tuisliú go dtí an doras   i m'asal tarrthála
ag gabháil ina stiúda longadánach
trí mhargadh scriosta

ag tarraingt cairte spallaí

Faoi mar a bhrúigh cás an ghiotáir é féin
chun cinn ar an dtimpeallán bagáiste
san aerfort
agus aibhneacha báistí ar a dhromchla cnapánach

chuir sé ag cuimhneamh mé ar chónra nua
go bhféadfainn marcaíocht uirthi feadh canálacha
faoi dhlús giolcach agus bolaithe láibe

3.

Ar theilifíseán an óstáin gabhann tumadóirí
i ndiaidh a gcinn trí dhoiléire fó thoinn

snoíonn tóirsí an dorchacht
i dtreo ráille gardála miotail
faoi mheirg   feamainn air
gur gheall le coiréal í

agus feicim mé féin agus an banna
mar a d'fhéachfaimis dá n-eitleodh gé bhuile
i ndiaidh a goib isteach i lataí inneall an chairteitleáin

creatlacha faoi chriosanna ar shuíocháin lofa
ag titim as a chéile cnámh ar chnámh
claicearnach ár maracaí maothaithe
ag na mílte slí den sáile

4.

Éiríonn mo chuidse taibhsí aníos
ar an gcainéal eile
Elliott Gould ar muir

cosa ag rothchasadh
únfairt bhuile
gan faoi na sála ach brúchtanna gainimhe

leanfainn an té sin a d'imigh uaim aon áit
amhail Marlowe ar thóir cairr
an carbhat ag lascadh   an t-éadan báite

ansin leagtha go hobann ar an dtarramhacadam
faoi bhladhradh na n-adharc
agus dalladh bogha ceatha na gceannsoilse

5.

Maireann pictiúirí cloiginn níos faide ná daoine
aghaidh cloig, glas leis an am, i gcoinne na hoíche
tinneas ar an solas sráide
ag sileadh thar bhrící

A boladh almóinne agus gallúnaí úire
snáithe éadrom a dhéanainn a fhuascailt
trí néalta ceirtlise agus Drakkar Noir
trí phlúchadh an chéad ró agus mún caolsráide

tríd an gcéad uair a chloig a chaithinn
ag glanadh na scrollaí veidhlín
ar uachtair mo bhróg ard le biorán
a sciobas as bosca fuála mo Mhamaí

ansin é a bhaint as na boinn chuig a tighse
mo chéimeanna bactha in aghaidh dhronn an bhóthair
d'fhonn an fad ab fhéidir a bhaint as gach móimint ghréine
sara mbrisfidís ina dhá leath
chomhairinn gach priocadh broimfhéir
chomhairinn gach lúipín a luasc ar an gcolbha
scríobainn mo shála ar thíleanna taifí-dhonna an Bhloic Ealaíon

6.

Ag an ndoirteal i dtigh an asail
ag iarraidh í a shruthlú as mo chloigeann
ach deineann goimh fhuaruisce an sconna
mé a scairdeadh an tslí ar fad ar ais
go reoiteacht mhúinte
thigh a muintire
atá ag crónán fós i gcroí na chuid fiacla

7.

Dath séipia aga ar shoilse slándála
phlás tosaigh Óstán na Marbh
fosfar na báistí ag coipeadh
thar scuaideanna raithní agus colgphlandaí
thar dhuillí bananaí agus ciseáin beangán
thar chrainn phailme cúig urlár ar airde
faoina bhfálú oráiste d'eidhneáin aisteacha

Soilse cruinneogacha ag lonrú mar láimhíneach
agus mórphianó   ag bá sa linn snámha
guagadh bolgán amhail smugairle róin   aníos as na heochracha
seol báite an chláir ag croitheadh   seol báite

8.

Ghlac m'athair páirt i dtógáil Dhamba Ard na Croise
threoraigh mé féin agus mo dheartháir lá
timpeall ar an láib agus an clábar agus na cairn gairbhéil
suas droim cré le féachaint síos isteach
i rannáin C-chruthacha tolláin

a macallaí tolla
a ndioscaí dallraitheacha solais ag gach ceann daoibh

Cailleadh é in eastát plaiceanna scríobtha
crochta thar bhláthanna marbha i subhchrúscaí is stáin Bass
agus Gadddafi ag fáil an gharda onóra
ó chohórt faoi bhalaclávaí
ansin thuas ar mhúrphictiúirí na mbeann tí

Suíochán cairr a bhí mar tholg aige
agus gan faic aige sa chuisneoir
seachas blúire ime
ina raibh grabhróga liatha aráin
gur chaitheas a bhaint as le smeach scine

D'fhéachadh sé ar an snúcar
ar theilifíseán dubh is bán scriosta
mar ráinigh leis na liatha a fhoghlaim.

9.

Dhein boscadóir tráth tar éis seisiún tábhairne
dhá ghealach na gcoinleach a thaispeáint dom
clóbhuailte ar rí a láimhe mar ar chuaigh piléar
dumdum UDR isteach inti agus amach aisti arís

'Chuala bíogarnach traonaigh, ach bhraitheas rop
de phriocaire te, agus ansin bhuaileas faoin bhfál
agus mé cinnte ar feadh i bhfad go rabhas marbh
nó gur thit braonta báistí ceaptha ó na driseoga

is dhein mionchnagadh ar m'aghaidh.' Ag tiomáint abhaile
stop patról sinn agus srac trínár gcuid trealaimh,
lig linn, agus sinn ag crith ar nós vardrúis Bargaintown.

Nuair a bhíomar beagnach as radharc
chasas síos na fuinneoga, ligeas dom sciathán nocht
marcaíocht ar na siotaí an tslí go léir ar ais ó dheas.

10.

Agus an luas glan sin díreach
do mo chur go mall faoi dhraíocht
gan aon chliceáil ag criosanna sábhála
gan aon ghiaranna á siúntáil
gan aon phreab ó na coscáin ar theacht
na leaideanna ag pocáil focal anonn is anall
ar nós cluiche púil gan aon gheall
fad a rothlaíonn gal toitín   líon faoi uisce

Thárlódh gurb in is neamh ann:
gluaiseacht bus turais ar lánluas
an sitheadh sa bholg
ar nós tumadh ó dhroichead
an t-ardú sin faoi na heasnacha
rúchladh scuabach
soilse an tolláin pas doiléir
ag eitilt mar dhea

11.

Ní fhágfaidh na gormacha puinn díot ann
nuair a bhaineann tú an deireadh amach

Tá fálú stróicthe ina bhrat ar fhallaí an tseomraí óstáin

fótagraif gearrtha ó chlúdaigh fadcheirníní
agus irisí   stiallacha seilitéipe
ballach le salachar na mblianta

Muddy Waters. Jimmy Reid.
Blind Tom Wiggins. Blind Lemon Jefferson.
Blind Boone. Leadbelly.

Fiafraigh díobh cé mar ar bhí a n-oíche dheireanach
ansin ná bí ag súil ach leis an ndóchán maith mall
ag déanamh luaith díot go huile is go hiomlán

12.

Agus ansin sa lár straoiseachán páinteach
le croiméal tanaí   hata Lenin ar leathstuaic ar chúl a chinn
Muddy Waters   an chuma air go bhfuil sé ag dul san aois
mar is ceart   Ghlaoigh sé orm uair amháin sarar cailleadh é
chun toin giotáir a phlé. *'An miolagar gorm sin,*
láidir, dlúth, neon san aer, an t-aon ní gur mhaith liom
lámh cheart a fháil air. Solas cuildíothóra tar éis am dúnta,
an beár nach mian leat dul ann ach nach mór duit mar sin féin.
Seans nár thugas ach ceithre nóta de liom sa turas,
agus seans gurb in an méid ar fad a thugas liom agus seans
nach bhfuilim daonna ar fad, ach b'in a raibh uaim riamh.'

An oíche a cailleadh é, lasas scata coinnle tae
leathas a chlúdaigh albam amach amhail sciatháin
ina dtríonna   ina seasamh agam ar a mbunanna
os comhair an teilifíseáin   clúdaigh chiumhais-scoilte
na dathanna tréigthe   gach pictiúir go raibh teacht agam air
ag iarraidh é a iolrú
isteach san áit inar dealaíodh é

13.

Taibhthrí ar eitleán: talamh críche tundra
gan aon saighdiúirí thart   an abhainn os mo chomhair
an tseana-shreang dheilgneach go léir briste ag meirg
línte dubha in aghaidh spéir bhán   cliath
gach snaidhm ghearrtha ar nós croisín   camán   géar
agus ciúin   agus tost   nach gá dom a bhriseadh in aon chor—

agus ansin deineann tuairteáil suaiteachta
an t-urlár a bhaint den domhan
agus deinim sleamhnán glúine ar nós Bruce Grobbelaar
chun breith ar sheangánadán marbh luaithe is nutaí toitín
gur buidéal slivovitz é atá ag titim

Toirneach tamtaim na póite
ón bhfuisce roimh fhuirseadh lucht preasa aréir roimhe sin
agus buillí mo chroí
ar nós an chrogaill a shlog an clog

An creathán orm chomh trom
go gcroithfidh mé gach bolta
as cabhail an eitleáin   go ndéanfaidh piolla-chealgadh
ceantar síochána de mo chloigeann

14.

I lár an tseó an cadhnra marbh de gheit
preabsheoláin an chaife cúlstáitse gan mhaith
taoidí dí ag bocáil mo chroí suas síos

d'fhéadfadh an ghrainc stuaim a chur in iúl
d'fhéadfadh an straois socracht a chur in iúl
is cuma cé chomh tirim is atá mo dhraid

ceangailte go daingean leis an Strat
amhail dobharchú i ngreim ar adhmad raice
i nguairne ar ghuairne na soilse cúracha stáitse

Ach ansin titeann balbhaíocht gheal anuas
an seó ina ruaille buaille ar fad   amhrán
aigéin do phreab currach

trasna agus trasna na dtonnta
scálaí ag dreapadh ar gach taobh   colúin gaile
an buille gan a bheith chun tosaigh ná chun deiridh,

agus mise os a chionn ag fanúint sa bhúireach
sprae sáile na bponcanna allais

agus cliseann ar an neomat

do m'fhágaint ag baile   gan a bheith imithe   aon áit

15.

Tráth dá raibh thaibhrítí dom corda chomh báite i neartúchán
go leagfadh gach falla síochána, go scamhfadh gach burla sreinge
go dtarraingeodh rótair héileacaptair siar ar nós méireanta,
go radfadh scriúnna as armúrphlátáil gach jíp,
agus go madhmfadh grean brící agus moirtéal púdraithe
anuas sa mhullach ar gach saighdiúir Briotanach.

Anois is taibhthrí mara a mheallann mé agus mé ag seinm,
oighear tirim chomh tiubh le ceo cladaigh ag dorchú mo rúitíní,
muirbhloscadh an doird, tonnphléascadh na gciombal
agus slua na ngéag bundúin leice ag síneadh a lámh chugam
trí na soilse ar dhath corcra mar smugairle róin.

16.

Thíos staighre sa seomra suí
leagann lámh buitléara
faoi lámhainn stíleas ar vinil
agus seo Nina Simone
cromtha go híseal os cionn an phianó
lúbtha faoi ualach nach féidir léi a iompar ina haonar
buille arbh ionann an bualadh agus an aisrolláil ann
agus luascadh cilí loinge i ndiaidh loinge ag sleamhnú
thar an mbóthar ré-loinnreach báite cnámh
ardú agus sileadh a láimhe clé
luascadh gan stad sluaiste agus piocóide
a cuid nótaí arda ualaithe
le cling-cling-cling
spící iarnróid arna dtiomáint abhaile
nó gur chomhcheangail an uile le chéile i stoirm
an ghlóir in aghaidh rubato téad íseal —
creatháin mhóra, hairicín íseal
os cionn cána siúicre
is leamhan bog cadáis an luan os a cionn
atá beo leis na taibhsí go léir
agus sinne na héisteoirí marbha ar fad ag luascadh
fad atá an ceol ag imeacht ina ghal ar ár gcroiceann

17.

Bíonn daoine dian ar na réalta a imíonn as radharc
Dheineas chomh maith is ab fhéidir liom sna cairteacha
seachas dul i muinín sintéiseora agus draid níos gile

Beatha gan ghlóir *sin an plean seo agamsa*

Is é is glóir ann fásbhrúchtaíl na scéine stáitse
ag tabhairt speach chapaill duit sa bholg
agus ní bhuaileann tú do chuid Redwings

Is maith liom an caolú sa bhfocal cuing
talamh gur fleasc is críoch di
nó focalbhá basailt   déanfaidh ceachtar acu cúis

Bíodh an fleiscín sin i gcloch
ina hanáil arna tarraingt isteach
gan aon súil le hiontógáil

carraigreacha sleamhna   deora beaga sáile
an radharc ag éirí i bhfoirm corda
bladhradh titimeach rannóg na gcorn
fothrach ardeaglaise ag oscailt i mo chloigeann

an croí ag imeacht ar dalladh   camáin ard-hata tríthoin
creatháin dromlaigh sreangdhruma agus ciombail
tonn fola salainn
borradh anála ag nascadh le cruthanna síneastoinne
ag nascadh le faoileáil faoileáin deiridh na príomhlíne gan seinm

an dreapadh mall anuas ansin
ar feadh carraige atá bogtha ag an aigéan
isteach i gceo   cith ian   agus gan faic eile ann